QUESTION

SOUMISE AUX ÉLECTEURS

AMIS DU ROI,

DE

LA CHARTE CONSTITUTIONNELLE

ET DE LA PAIX PUBLIQUE;

PAR UN ÉLECTEUR DU DÉPARTEMENT DE LA LOIRE-INFÉRIEURE.

A NANTES,

IMPRIMERIE ET LITHOGRAPHIE DE MELLINET-MALASSIS.

1830.

QUESTION
SOUMISE AUX ÉLECTEURS
AMIS DU ROI,

DE

LA CHARTE CONSTITUTIONNELLE

ET DE LA PAIX PUBLIQUE.

LA NOUVELLE CHAMBRE DES DÉPUTÉS DEVRA-T-ELLE FORCER LE ROI A CHANGER SON MINISTÈRE DANS LE SENS DE SA MAJORITÉ.

> *Regum majestatem difficiliùs à summo fastigio ad medium detrahi, quam à mediis adima præcipitari.*
> (TITE-LIVE.)

> Un prince se flatte vainement de se replacer sur le trône après en avoir descendu la première marche.
> (M. DUVOISIN. — *Défense de l'Ordre Social*)

Au ministère que les deux partis ont appelé déplorable, l'un parce qu'il n'avait pas assez fait, l'autre parce qu'il avait trop fait en faveur de la monarchie, a succédé un ministère de concession qui a fini par amener une majorité libérale dans la chambre des députés. Après la session de 1829, le roi a changé ce ministère. Les nouveaux ministres n'ont encore rien fait ni pour ni contre les intérêts révolutionnaires; mais on les croit en général opposés au systême de concession, et le libéraralisme les repousse de toutes ses forces.. Il a annoncé qu'ils ne tiendraient pas devant la Chambre de 1830. Afin de mieux assurer leur renvoi, il a formé des associations pour refuser tout impôt qui ne serait pas voté légalement, parce qu'il espérait que la Chambre refuserait le budget, si le roi ne changeait pas ses ministres. Quand les tribunaux ont condamné l'annonce de ces associations, comme reposant sur une supposition impossible, il s'est empressé d'en conclure qu'il avait atteint son but, puisqu'il avait fait reconnaître le droit d'insurrection contre les ordonnances royales, mis le roi hors d'état de gouverner, si la Chambre lui refusait le budget, et dans la nécessité de changer ses ministres, pour l'obtenir.

En ouvrant la session de 1830, S. M. Charles X s'est empressé de déclarer, que sa ferme volonté était de consolider le bienfait de nos institutions et de nos libertés publiques, que la Charte a placé sous la sauvegarde des droits de sa couronne; mais que ces droits sacrés, son devoir envers son peuple était de les transmettre intacts à son successeur. Il a reclamé le concours des Chambres pour opérer le bien qu'il a le désir de faire ; il les a engagées à repousser les perfides insinuations que la malveillance cherche à propager. Mais en même temps il leur a solennellement déclaré que si de coupables manœuvres suscitaient à son gouvernement des obstacles qu'il ne voulait pas prévoir, il trouverait la force de les surmonter dans sa résolution de maintenir la paix publique, dans sa juste confiance des Français et dans l'amour qu'ils ont toujours montré pour leur roi.

Ces paroles royales étaient claires et précises. 221 députés formant la majorité de la chambre ont répondu que ce concours n'existait pas de leur part; et, reconnaissant que les prérogatives royales ont placé en ses mains seules, les moyens d'assurer, entre les pouvoirs de l'état, cette harmonie constitutionnelle, première et nécessaire condition de la force du trône et de la grandeur de la France, ils ont prié le roi de prononcer entr'eux et les ministres.

S. M. a dû considérer cette réponse comme le fruit

des perfides insinuations que la malveillance cherchait à propager contre son gouvernement, comme un obstacle que de coupables manœuvres lui suscitaient. Son cœur s'en est profondément affligé ; mais il avait annoncé ses résolutions dans son discours d'ouverture ; il a répondu que ces résolutions étaient immuables, parce que l'intérêt de son peuple lui défendait de s'en écarter. En conséquence, il a dissout la Chambre des députés et convoqué les colléges électoraux pour en nommer une nouvelle qui soit en harmonie avec ses vues bienfaisantes.

Electeurs ! vous n'avez jamais été convoqués dans des circonstances plus graves, et avant de fixer votre choix il importe que vous réfléchissiez mûrement sur cette question : *la nouvelle Chambre devra-t-elle forcer le roi a changé son ministère !* Il ne s'agit point ici des ministres eux-mêmes, ni de leurs qualités personnelles, la question est toute d'ordre public ; elle intéresse le roi, la Charte et la paix publique.

Dès ici, j'entends s'écrier : « Dans une *monarchie représentative* il ne faut pas confondre les ministres avec le monarque. Le ministère est tout, le roi est une divinité sacrée, inviolable, infaillible même, car s'il y a erreur, l'erreur est des ministres et non du roi ; mais tout découle du ministère responsable. Le royaliste le plus franc peut donc, sans témérité, écarter le bouclier sacré pour aller droit au ministère. »

« Dans un *gouvernement représentatif* c'est l'opinion publique qui doit être le principe et la source du ministère, *principium et fons*, et le ministère doit sortir de la majorité de la Chambre des députés, puisque les députés sont les principaux organes de l'opinion populaire. Les ministres doivent changer jusqu'à ce qu'on ait trouvé les hommes de la chose, jusqu'à ce que les Chambres et l'opinion aient fait sortir l'habileté des rangs où elle se tient cachée. »

Voilà ce qu'en 1816 M. de Châteaubriant écrivait en faveur des royalistes et contre le système des intérêts révolutionnaires (1). Voilà aujourd'hui ce que l'on peut

---

(1) Voir la Monarchie suivant la Charte.

dire de plus fort contre un ministère royaliste et opposé aux intérêts révolutionnaires.

On ajoutera, sans doute : le discours d'ouverture, la réponse du roi, l'ordonnance de dissolution sont l'ouvrage des ministres. Si les élections ne leur sont pas favorables, ils tomberont et le roi; en prendra de nouveaux dans le sens de la majorité de la Chambre. Eh ! quoi, la volonté royale n'est rien; le roi n'est qu'une idole sans vouloir et sans pouvoir.

Electeurs! toutes ces raisons, quelques spécieuses qu'elles soient, sont autant d'erreurs qui sapent l'autorité royale, compromettent la personne du roi, détruisent la Charte constitutionnelle et menacent les libertés publiques.

Si la question se présentait ainsi : *Est-il convenable que l'opinion publique dirige le roi dans le choix de ses ministres ?* Dans les circonstances où nous sommes, il ne faudrait pas même la résoudre trop légèrement. Ecoutons à ce sujet l'auteur de la *Défense de l'Ordre Social contre les principes de la révolution française* (1) ; il est digne d'être opposé à M. de Châteaubriant.

Après avoir établi que chaque année du règne du malheureux Louis XVI fut marqué par des bienfaits, des réformes et des établissements utiles, Mgr. Duvoisin ajoute : « Ses fautes mêmes furent dictées par les vœux
» du peuple, dont il s'était fait une loi. La plus grande
» de toutes fut d'avoir trop déféré dans le choix de ses
» ministres, à cette voix publique qui n'est, le plus
» souvent, que l'écho d'une cabale. Heureux, lui et son
» peuple, si, jaloux des droits de sa couronne qui étaient
» aussi ceux de la nation, il ne les eût pas sacrifiés l'un
» après l'autre au désir de conserver la paix. Heureux
» s'il eût compris qu'un roi doit aimer ses sujets d'un
» amour sans faiblesse; qu'il n'a pas trop de toute sa
» puissance pour le protéger; que la force des factieux
» s'accroît de tout ce que perd l'autorité royale, et que,

---

(1) *Défense de l'Ordre Social contre les principes de la Révolution Française*, par M. J.-B. Duvoisin ; imprimé à Londres en 1798, réimprimé à Nantes en 1820 ; se trouve à la librairie de Mellinet-Malassis.

» comme le dit Tite-Live, un prince se flatte vaine-
» ment de se replacer sur le trône, après en avoir des-
» cendu la première marche : *Regum majestatem dif-*
» *ficilius à summo fastigio ad medium detrahi, quam à*
» *mediis adima præcipitari !*

Ces réflexions semblent avoir été faites pour le mo-
ment actuel et doivent être pesées par les hommes sages
et modérés, quelle que soit, au surplus, leur opinion.

Est-il bien constant que ce qu'on appelle aujourd'hui
l'opinion publique contre les ministres, n'est pas tout
simplement l'écho d'une cabale ou d'un parti ? sont-ce les
journaux qui peuvent éclairer l'autorité sur cette prétendue
opinion publique. Leur licence est portée jusqu'à l'excès.
La liberté effrénée peut seule leur convenir. Que de maux
n'ont-ils pas occasionnées depuis le commencement de la
révolution. Au surplus l'opinion qui émane d'eux est toute
factice.

Sera - ce la majorité de la Chambre ? la majorité
royaliste de 1816 disait également qu'elle représentait
l'opinion publique, et la Chambre introuvable fut dissoute
par Louis XVIII, parce qu'il ne la considéra que comme
l'écho d'un parti. La majorité libérale de 1830 en a dit
autant à Charles X, qui la regarde comme l'écho d'un
autre parti.

Les élections mêmes ne donneront rien de bien constant sur l'opinion générale de la France, puisque tout
le monde convient que le moindre changement à la loi
des élections, peut rendre la majorité de la Chambre ou
royaliste ou libérale. Il n'est donc pas exact de dire que
la majorité de la chambre représente l'opinion de toute
la France, ni même l'opinion de la majorité de la
France, puisque rien ne prouve que la majorité de la
France partage l'opinion de la majorité de la Chambre.

Le Roi, au contraire, placé au-dessus de tous les
partis, et qui gouverne tout à la fois, et les royalistes
et les libéraux, et les hommes de l'ancien régime, et
ceux du nouveau, et les électeurs, et ceux qui ne le sont
pas, et les représentants, et les représentés, est le seul
interprète légal de l'opinion publique, seul il doit, au
besoin, la diriger, parce qu'étant le père et le tuteur
du peuple, il peut seul savoir ce qui lui convient.

Quoi qu'il en soit, la lutte est engagée entre la Chambre et le trône. Le Roi ne fait rien sans ministres; il ne peut faire connaître sa volonté que par eux. Toutes ses ordonnances doivent être contresignées de l'un d'eux. Ils sont ses conseillers intimes, ses coopérateurs dans l'administration. En un mot, ils forment, à proprement parler, le gouvernement du Roi.

Or, si d'un côté, le ministère est tout, si tous les actes du gouvernement ne sont que les actes du ministère et non ceux du Roi ; et si, d'un autre côté, le ministère doit sortir de la majorité de la Chambre, il s'en suivra nécessairement que ce sera la majorité de la Chambre des députés qui gouvernera par les ministres de son choix. Dès-lors la monarchie sera détruite, la Charte sera dissoute dans sa partie la plus essentielle.

M. de Montesquieu, en parlant du gouvernement d'Angleterre, établit fort bien (1) que si la puissance exécutrice n'avait pas le droit d'arrêter les entreprises du corps législatif, celui-ci anéantirait bientôt toutes les autres puissances et deviendrait despotique, tandis qu'au contraire, la puissance législative ne doit jamais avoir réciproquement la faculté d'entraver la puissance exécutrice, parce que celle-ci ne s'exerçant que sur des choses momentanées, ne doit jamais être arrêtée dans son action. Mais il ajoute avec raison (2) que quand le corps législatif prend part à l'exécution, la puissance exécutive est perdue.

La constitution de 1791 avait fait de Louis XVI une partie essentielle et intégrante du gouvernement français et lui avait confié le pouvoir exécutif; mais elle avait eu soin de déclarer d'abord que de la nation seule émanaient tous les pouvoirs, qu'elle ne les exerçait que par délégation, et que ses représentants étaient le corps législatif et le Roi. La monarchie était alors représentative. Mais le Roi et l'assemblée législative formaient dans l'état deux puissances rivales, qui, n'ayant aucun intermédiaire ni aucune supériorité, devaient essentiellement

---

(1) Tome 1.er, page 282.
(2) Page 286, titre 3., art. 2.

(9)

se combattre et chercher à s'anéantir. Le corps législatif
eut bientôt entrepris sur l'exécution, et la monarchie fut
vaincue. Sa chute amena l'anarchie; et, ensuite, le despotisme.

La constitution de 1791 n'existait plus, quand les Bourbons ont reparu en France; ceux qui l'avaient imaginée
s'étaient hâtés de la détruire. Louis XVIII, en donnant
la Charte, ne s'est point dit Roi des Français par la
constitution, mais Roi de France, par la grâce de Dieu,
à titre d'hérédité, de légitimité. Il n'a point accepté par
faiblesse, il a volontairement octroyé la Charte par le
libre exercice de son autorité royale.

Qu'on ne s'y trompe pas, nous avions une constitution en France avant 1791, quoiqu'elle ne fût par renfermée dans un code. Elle était monarchique tempérée
et héréditaire; elle reconnaissait trois ordres dans
l'état, le pouvoir législatif du Roi était seul limité.
L'impôt surtout ne pouvait être consenti que par la
nation. D'abord, c'était dans les assemblées du Champ-
de-Mars et de Mai, que le Roi proposait et que la nation votait les lois et les impôts. Ensuite ces assemblées
étant tombées en désuétude, le Roi faisait seul les lois
mais, avant d'être exécutoires, elles devaient être enre-
gistrées dans les parlements. Ceux-ci avaient, en ce
point, succédé aux Champs-de-Mars et de Mai, et on
les appelait, à cet égard, les *États aux petits pieds.*

Louis XVIII n'a pas pris les éléments de sa Charte,
dans la constitution de 1791; voici comment il s'en
explique lui-même : « Nous avons cherché les principes
» de la Charte constitutionnelle dans le caractère fran-
» çais et dans les monuments vénérables des siècles pas-
» sés. Ainsi, nous avons vu dans le renouvellement de
» la pairie, une institution vraiment nationale qui
» doit lier tous les souvenirs à toutes les espérances, en
» réunissant les temps anciens et les temps modernes.
» Nous avons remplacé par la Chambre des députés ces
» anciennes assemblées des Champs-de-Mars et de Mai,
» et ces Chambres du tiers-état, qui ont si souvent donné
» tout à la fois des preuves de zèle pour les intérêts du
» peuple, de fidélité et de respect pour l'autorité des
» rois. En cherchant ainsi à renouer la chaîne des temps

» que de funestes écarts avaient interrompue , nous
» avons effacé de notre mémoire , comme nous vou-
» drions qu'on pût les effacer de l'histoire , tous les maux
» qui ont affligé la patrie durant notre abscence.

Quels sont donc les véritables changements qu'a subis
notre ancienne constitution française ; la nation ne con-
siste plus' dans les trois ordres ; elle est aujourd'hui
renfermée dans les propriétaires qui paient 300 fr. d'impôts. Mais , en ce qui concerne le Roi , à lui seul appartient la puissance exécutive (art. 13 de la Charte). Seul
il est chef suprême de l'état : il commande les forces
de terre et de mer , déclare la guerre , fait les traités
de paix , d'alliance et de commerce , nomme à tous
les emplois , et plus spécialement ses ministres ; enfin,
fait les réglements et ordonnances pour l'exécution des
lois et la sûreté de l'Etat (art. 14).

Seulement la puissance législative s'exerce collectivement par le Roi , la Chambre des pairs et la Chambre
des députés (art. 15) ; mais le Roi seul propose la loi
(art. 16) , la sanctionne et la promulgue (art. 22). En
outre, aucun impôt ne peut être établi, ni perçu , s'il
n'a été consenti par les deux Chambres et sanctionné par
le Roi (art. 48). La proposition de l'impôt doit être portée
à la Chambre des députés (art. 47). Enfin, les ministres
du Roi sont responsables, (art. 13) ; ils peuvent être ac-
cusés et traduits devant la Chambre des pairs , par la
Chambre des Députés (art. 55) ; seulement pour crimes
de trahison et de concussion (art. 56).

Mais l'autorité royale a-t-elle changé de nature par
la Charte , non sans-doute , écoutons encore son im-
mortel auteur. « Nous avons considéré , dit-il , que
» bien que , *l'autorité tout entière* résidât en France
» dans la personne du Roi, nos prédécesseurs n'avaient
» point hésité à en modifier l'exercice, suivant la diffé-
» rence des temps. Puis il ajoute : nous avons dû nous
» souvenir que notre premier devoir envers nos peuples ,
» était de conserver, pour leur propre intérêt, les droits et
» les prérogatives de notre couronne, parce que, quand la
» violence arrache des concessions à la faiblesse du gou-
» vernement, la liberté publique n'est pas moins en dan-
» ger que le trône même. »

(11)

Ainsi, d'un côté, notre monarchie, suivant la Charte n'a point succédé à la monarchie constitutionnelle de 1791 ; elle est la continuation de notre antique monarchie française, avec les modifications établies par la Charte; de l'autre côté, ces modifications n'ont rien changé à la puissance exécutive du monarque ; elles l'ont au contraire mieux précisée. Notre monarchie est donc simplement tempérée, peut-être plus tempérée qu'avant la révolution, mais elle n'est pas *représentative* ; elle n'a pas pour base le système chimérique de la souveraineté du peuple. Le Roi n'est pas le mandataire, le délégué de la nation.

J'en dirai autant de notre gouvernement ; le gouvernement proprement dit est la puissance exécutive. Le législateur ne règne pas, il fait des lois. Les ministres forment le gouvernement du roi, et le roi en est le chef suprême. Le gouvernement n'est pas *représentatif*, car ni son chef, ni ses membres ne sont à la nomination du peuple; ils ne sont pas ses délégués.

La Chambre des Députés est bien représentative, mais elle ne peut prendre aucune part active au gouvernement. Si elle a une partie de la puissance législative, elle est entièrement exclue de la puissance exécutive.

Quoique notre Charte paraisse avoir quelque rapport avec la constitution anglaise, il existe une différence essentielle que nous ne devons jamais perdre de vue ; en Angleterre le gouvernement est tout dans le parlement, et le parlement est composé du Roi, de la Chambre Haute, de la Chambre des Communes et des Ministres. Les pouvoirs sont ensuite divisés, mais les Chambres ont véritablement une part dans le gouvernement. En France, nous n'avons point de parlement et le gouvernement est tout entier dans la personne du Roi. La puissance législative seule s'exerce collectivement par le Roi, la Chambre des Pairs et la Chambre des Députés; mais au Roi seul appartient la puissance exécutive. Il est encore une autre différence entre les deux constitutions, qui provient de leur origine. En Angleterre, comme l'observe de Lolme, (1) la féodalité était toute

____

(1) L. 1.er, chap. 1 et 2.

dans la monarchie ; elle écrasait la noblesse, qui a successivement secoué le joug avec le secours du peuple. Par suite la constitution anglaise est essentiellement aristocratique. En France, la féodalité était dans la noblesse ; elle menaçait le trône. Ce sont nos Rois qui l'ont successivement détruite; et, au commencement de la révolution, il n'y avait plus qu'à souffler dessus pour l'anéantir à jamais. Notre Charte est donc toute monarchique sans aucune influence aristocratique. »

Ne disons donc plus que notre monarchie est *représentative*, que notre gouvernement est *représentatif*. En faisant Louis XVI délégué du peuple, on l'a conduit à l'échafaud. Ne séparons plus le roi de ses ministres; ne lui enlevons pas son autorité pour ne la confier qu'à ceux-ci, afin de pouvoir ensuite la critiquer, l'avilir, l'entamer et la détruire. Cette autorité tutélaire, réside uniquement dans la personne du Roi. Là, elle est sacrée, inviolable; hors de là, elle est nulle et nuisible à l'état.

Ne faisons point la Chambre des Députés rivale du gouvernement. Montesquieu l'a dit, dès qu'elle prendra une part, même indirecte, à l'exécution, la puissance exécutive sera perdue. M. de Lolme, sur la constitution d'Angleterre (1), pose en règle générale que pour qu'un état soit stable, il faut que le pouvoir législatif soit divisé ; mais que pour qu'il soit tranquille, il faut que le pouvoir exécutif soit *un*. Parce que la division du pouvoir exécutif est nécessairement l'établissement plus ou moins prompt *du droit du plus fort ;* ou une guerre continuelle qui trouble l'état et nuit à sa prospérité. Si donc la nouvelle Chambre des Députés entreprend de forcer le Roi à changer ses ministres, nous verrons nécessairement s'établir plus ou moins promptement *le droit du plus fort* ou la guerre dans l'état.

Qu'on ne dise pas que ces craintes sont chimériques, et que la Chambre des Pairs est là pour arrêter les entreprises de la Chambre des Députés. Si les Ministres étaient placés sous l'influence de cette Chambre, ils

---

(1) L. 2, ch. 5, p. 286.

pourraient , de concert avec sa majorité, conduire le Roi sur le bord du précipice , le livrer même à ses ennemis sans que la Chambre des Pairs pût s'y opposer; parce que tout le mal se trouvant dans la puissance exécutive , dans l'initiative royale , dans le choix des agents, la Chambre des Pairs qui n'a qu'une partie du pouvoir législatif , n'aurait aucun moyen constitutionnel d'y remédier. Simple spectatrice de la trahison des Ministres , elle ne pourrait les juger qu'autant que la Chambre des Députés les accuserait et les traduirait devant elle ; et celle-ci, dont ils serviraient les vues ambitieuses , ne les accuserait pas.

Si donc le ministère sortait de la majorité de la Chambre des Députés , le Roi serait à la discrétion de cette majorité. Egalement il ne devrait pas sortir même de la majorité des deux chambres, parce qu'un pareil ministère s'il trahisait le Roi , n'aurait plus ni accusateurs , ni juges. Cette maxime que le ministère doit sortir des Chambres est donc anti-monarchique et contraire à la Charte ; et le Roi, pour sa propre sûreté, doit donc seul choisir ses Ministres , sans aucune influence de la part des Chambres.

Les ministres , il est vrai , sont responsables ; mais qu'importe cette responsabilité à la question qui nous occupe ? Louis XVIII , en déclarant les ministres responsables , a-t-il ajouté : je me démets de toute mon autorité en faveur de mes ministres qui en répondront à la nation ; mon ministère responsable sera tout et je ne serai rien ; tout découlera de lui, et je ne serai qu'une vaine idole ? Non , sans doute , après ces mots : *les Ministres sont responsables* , la Charte ajoute : *au Roi seul appartient la puissance*; forcer le Roi à changer ses ministres , c'est attaquer la puissance même du Roi.

Il est encore vrai que la Chambre des Députés vérifie les comptes des Ministres , discute le budget, vote l'impôt et par là fournit au Roi les moyens de gouverner. Sous notre antique monarchie, les subsides étaient toujours consentis par la nation , et il est juste que ceux qui fournissent les fonds de l'administration, en vérifient l'emploi. Ce droit de la Chambre des Députés ne lui donne pas seulement le moyen d'assurer la propriété de chaque individu contre les tentatives du gouvernement ; c'est encore un moyen régulier d'influer sur les démarches du pouvoir exécutif ; c'est un lien qui les tient et les force de marcher ensemble. Bien plus, c'est une barrière insurmontable contre les entreprises et les abus du gouvernement, puisque la Chambre peut refuser des fonds pour les opérations qui ne seraient pas constitutionnelles.

Mais s'ensuit-il que la Chambre puisse refuser le budget, si les ministres ne lui plaisent pas, même s'ils ne marchent pas dans le sens de sa majorité ? Le budget est d'un besoin indispensable à l'état. Les millions qui procèdent des impôts, ne séjournent pas dans le trésor royal ; ils passent dans une multitude de mains à qui ils appartiennent soit à titre de restitution soit à titre de services rendus, soit à titre d'indemnité. L'armée qui nous protége et nous défend ne subsiste que par le budget, la justice et l'administration qui sont des besoins de tous les jours, de tous les moments, languiraient sans impôts.

L'impôt est le nerf vital du gouvernement. Prétendre l'arrêter brusquement pour remédier même à un abus, c'est prétendre guérir un malade en l'étouffant. On ne renverserait pas seulement le ministère, on détruirait le gouvernement, on donnerait la mort à l'État. Or, c'est au Roi qu'il appartient de pourvoir à la sureté de l'État (art. 14 de la Charte). Il pourrait donc par une ordonnance remplacer momentanément le budget qu'une chambre de mauvaise humeur aurait perfidement refusé.

D'ailleurs l'article 14 de la Charte ne le dirait pas formellement que les premiers éléments du droit public l'indiqueraient. La première de toutes les lois c'est le salut de l'État : *salus populi suprema lex esto*, et c'est au chef suprême de l'État à le sauver.

Lorsque les communes d'Angleterre, en conséquence de ce qu'un bill leur paraissait essentiel au bien public, l'ont joint à un bill de subsides, *il n'a guère manqué de passer en cette agréable compagnie*, pour me servir de l'expression du chevalier

Weneworth. Cela même est allé si loin, comme l'observe de Lolme, (1) que les seigneurs de la chambre haute ont cru devoir former entr'eux une espèce de confédération pour sauver leur autorité légistative du danger où la mettait ce pouvoir de taxation; et cette chambre s'est fait, en conséquence, une loi de rejeter constamment les bills accouplés à un bill de subsides; de manière que le roi n'a même pas à s'en occuper.

Mais, d'ailleurs, la constitution elle-même rend sans danger ce pouvoir ou plutôt cet ancien usage de la Chambre des communes. Le Roi peut attendre et attend ordinairement à la fin de la session pour faire connaître sa volonté sur les différents bills émanés des Chambres. Il se rend au parlement avec la même solennité avec laquelle il l'a ouvert. Pendant qu'il est sur son trône, un secrétaire lit les bills, et, à mesure, donne, ou refuse le consentement royal, de cette manière.

Si c'est un bill public qui soit accepté, le secrétaire dit en français : *le roi le veut*. Si c'est un bill privé, il dit : *soit fait comme il est désiré*. Si c'est un bill concernant les subsides, il dit : *le Roi remercie ses loyaux sujets, accepte leur bénévolence et aussi le veut*. Enfin, si c'est un bill auquel le roi ne juge pas à propos de consentir, le secrétaire dit : *le Roi s'avisera*, ce qui est une forme douce de le rejeter.

En France, la Charte ne reconnait point de budget conditionnel. Les Chambres n'ont pas le droit de proposer de lois; elles peuvent seulement supplier le Roi d'en proposer une sur quelque objet que ce soit. Mais la proposition doit être portée à l'autre Chambre et adoptée par elle avant d'être mise sous les yeux du Roi, qui a la faculté de la présenter ou de ne pas la présenter ensuite aux Chambres. Le budget ne peut donc être accolé à aucune prière de la part des Chambres, et nous venons de voir que son refus pur et simple

---

(1) L. 1.er, ch. 5, pags 71.

était un crime de lèze nation , puisqu'il avait pour effet de donner la mort à l'Etat.

Ainsi, nous vous le répétons , électeurs, la lutte est engagée , non entre la Chambre et les ministres, mais entre la Chambre et le Roi. Vous êtes appelés à la faire cesser de suite ou à la continuer. Si la nouvelle Chambre s'empresse d'annoncer au Roi qu'il peut compter sur son concours pour tous le bien qu'il médite dans l'intérêt de la France , l'autorité royale restera dans toute sa force; l'orage sera dissipé; le calme sera rétabli , et nous continuerons de jouir de tous les bienfaits de la Charte constitutionnelle sous la légitimité.

Car , nous devons tous l'avouer , jamais la France n'a été plus libre, plus heureuse, plus prospère, je dirai même plus grande que depuis la restauration. Sous le prétexte d'augmenter nos libertés publiques, craignons de compromettre celles dont nous jouissons. Songeons que la licence est voisine de la liberté; rappelons-nous cette observation de Rousseau dans ses *considérations sur le gouvernement de Pologne*, que la liberté est un aliment de bon suc, mais de difficile digestion , et qu'il faut des estomacs bien sains pour le supporter. Et n'oublions pas surtout que la continuation de cette lutte, quel qu'en soit en définitive le résultat, présentera également des dangers.

Si la nouvelle Chambre persiste dans le système de la majorité de celle qui vient d'être dissoute, ou le Roi cédera , ou il ne cédera pas; s'il cède , c'est un acte de faiblesse qui le perd. Après l'avoir dominé dans le choix de ses ministres, la Chambre le dominera bientôt dans son administration , dans sa puissance exécutive, et cette puissance est anéantie. Ne ferait-elle que la partager il s'établira nécessairement entre le Roi et la Chambre un *droit du plus fort*, et par conséquent une guerre continuelle qui troublera l'état , et peut amener des catastrophes terribles.

Outre les principes évidents sur ce point, nous avons sous les yeux l'exemple de Louis XVI. Il s'était fait une loi de ce que l'on appelait alors le vœu du peuple; il défèra dans le choix de ses ministres , à cette prétendue voix publique. Une concession en ammenat une autre, et il se précipita lui-même vers l'échafaud. Que de sang son sang n'a-t-il pas fait couler? Que de malheurs sa mort n'a-t-elle pas occasionnés à la France?.. *Un prince faible est plus dangereux qu'un despote.*

Mais non, les résolutions de Charles X sont immuables; il en a donné solennellement sa parole royale. Sa sûreté personnelle et l'intérêt de son peuple lui défendent de s'en écarter. Que fera donc alors la nouvelle Chambre? Refusera-t-elle les lois justes qui lui seront proposées? Elle trahirait ses devoirs. Rejettera-t-elle le budget de 1831, ou le reduira-t-elle de manière à entraver la marche du gouvernement? Mais c'est à la nation même qu'elle s'en prendra; elle se se déclarera ouvertement ennemie de la France. Le Roi la dissoudra de nouveau; et comme avant tout il faudra pourvoir à la sûreté de l'état, il déterminera par des ordonnances les impôts provisoirs qu'une troisième Chambre viendra régulariser. Quel français refuserait alors de payer ces impôts?

Ne poussons pas plus loin les suppositions, et hâtons-nous de conclure que la question que vont résoudre les élections, intéresse, non les ministres, mais le Roi, la Charte et la paix publique; parce qu'en effet, il s'agit de savoir si c'est le Roi ou la Chambre qui doit régner.....

Mais, disent les libéraux, si nous cédons, à notre tour nous sommes perdus. L'absolutisme triomphe, la loi des élections sera changée, la censure sera rétablie, et peu à peu nous perdrons toutes nos libertés publiques.

Vos craintes sont-elles réelles? Ne savez-vous plus ce que c'est que la parole, le serment d'un roi de France, d'un Bourbon?

Charles X n'est pas plus le roi des absolutistes que des libéraux; il ne veut pas plus se laisser dominer par les uns que par les autres. Il veut des libertés publiques sages et modérées, sans licence et sans trouble. Il n'a aucun intérêt à vous les enlever. Il a juré de vous les conserver.

Mais si vous en abusez contre lui, si vous prétendez anéantir son autorité; si , au lieu de lui obéir , vous voulez qu'il vous obéisse , vous êtes des factieux , des révolutionnaires , des fous dangereux.

Electeurs Français ! de coupables manœuvres ont suscité des obstacles au gouvernement du Roi ; de perfides insinuations, propagées par la malveillance , ont détruit l'harmonie constitutionnelle entre les pouvoirs de l'État, harmonie aussi nécessaire à la force du trône qu'à la prospérité publique. Les moyens de les rétablir ne sont que dans les mains de votre Roi ; il ne les trouve que dans sa ferme résolution de maintenir la paix publique; dans la confiance et l'amour des Français pour sa personne sacrée. C'est vous qu'il appelle à rétablir cette précieuse harmonie. Serez-vous sourds à sa voix , trahirez-vous sa confiance?

Electeurs royalistes ! le cœur de votre Roi a été profondement affligé par cette même chambre que vous êtes chargé de remplacer. Ses prérogatives sont menacées. La force de ses ennemis s'accroîtra de tout ce que vous laisserez perdre à son autorité royale. S'il descend la première marche du trône , il est perdu. Il vous appelle à sa défense dans le combat des élections. Il vous demande des députés fidèles et toujours dévoués, qui ne désertent pas sa cause dès que ses ministres leur déplaisent.

Electeurs qui vous dites spécialement royalistes constitutionnels ! la Charte est menacée par la lutte que la dernière chambre a élevée contre le trône. Que vos mandataires aient exprimé, ou non., vos véritables sentiments , toujours est-il que nos libertés publiques sont compromises, quel que soit le résultat de la lutte , si elle est prolongée. N'oubliez pas qu'un corps législatif devient despote plus facilement qu'un monarque, parce qu'il ne peut se maintenir que par le despotisme ; et que la tyrannie démocratique est la plus dangereuse de toutes , parce qu'elle ne connaît aucun frein. Tremblez que la Chambre ne devienne une Convention. Si vous méprisez les flatteurs des rois , craignez d'avantage les flatteurs du peuple. Ce ne sont pas des emplois, des cordons que ceux-ci ambitionnent, c'est la puissance publique tout entière , ce sont toutes les fortunes particulières; la révolution vous en a donné la preuve. Il ne s'agit pas ici de féodalité , de privilége , de noblesse , il s'agit de conserver les droits dont vous jouissez ; vos libertés publiques , le Roi les place sous la sauve-garde des droits de sa couronne. Souvenez-vous du *chien qui lâche sa proie pour l'ombre ;* n'oubliez pas qu'*un imprudent ami est souvent plus dangereux qu'un ennemi.* Choisissez des représentants qui ne compromettent pas vos droits en voulant trop les étendre.

Electeurs libéraux ! vos amis sont allés trop loin : s'ils triomphent dans les élections. un combat corps à corps va s'établir entre le monarque et la Chambre. Si le roi succombe, nous rentrons en révolution : vous vous serez entendus pour détruire, vous ne vous entendrez plus pour réédifier. Si le Roi triomphe , l'existence même de la Chambre peut être compromise. Une honorable retraite vaut mieux qu'un combat si dangereux.

Electeurs propriétaires ! avez-vous oublié les maux qu'ont produits les principes révolutionnaires, l'anarchie, la terreur, la guerre aux propriétés, et, enfin, le despotisme. Les mêmes causes doivent toujours produire les mêmes effets; si vous laissez renverser le trône qui vous protége , vous serez écrasés sous ses débris. Les droits du Roi sont aussi les vôtres : il n'a pas trop de toute sa puissance pour vous défendre. Nommez-lui donc des députés qui soient en harmonie avec ses vues tutélaires.

Electeurs commerçants! qu'était le commerce sous la république et sous l'empire ? Qu'est-il aujourd'hui sous la restauration ? Sa liberté est illimitée, son étendue est sans bornes, sa prospérié est étonnante. Le crédit public est au plus haut degré ; l'industrie est à son comble. L'agriculture fait des progrès immenses : défrichements , plantations, constructions ; moyens de transports, de communications, tout s'accroît, tout multiplie. Qui nous procure ces avantages ? Les Bourbons. Eh bien! que nos élections amènent la moindre dissention politique, tout disparaît, tout s'évanouit. Choisissez donc des députés modérés et prudents.

Electeurs religieux! la cause de l'autel et du trône

sont liées ensemble ; la révolution poursuit l'un et l'autre ; si le trône succombe, le catholicisme est perdu en France.

Candidats royalistes ! n'oubliez pas que c'est cette maxime : *Tout découle du ministère responsable, et l'on peut écarter le bouclier sacré du Roi, pour aller aux ministres*, qui a amené cette malheureuse lutte dans laquelle la personne même du Roi peut être compromise.

Candidats libéraux ! permettez-moi de vous rappeler ces paroles du célèbre Montaigne : « Ceux qui donnent » le branle à un état, sont volontiers les premiers ab- » sorbés en sa ruine. Le fruit du trouble ne demeure » guère à celui qui l'a ému : il bat et brouille l'eau » pour d'autres pêcheurs. » Rappelez-vous le sort de vos devanciers en révolution.

Vous tous, donc, qui allez concourir aux élections, quelle que soit votre opinion, votre nuance, que cette seule pensée dirige votre choix : *Il ne faut pas que jamais la Chambre puisse forcer le roi à changer son ministère ; et la France sera sauvée.*

FIN.

www.ingramcontent.com/pod-product-compliance
Lightning Source LLC
Chambersburg PA
CBHW050731070726
47597CB00009B/3885